DRYAS

Oliver Lutz Radtke

FÜNFZIG MAL MUND AUF IN CHINA

WAS MAN GEGESSEN HABEN MUSS

DRYAS

Das für dieses Buch eingesetzte Papier ist ein Produkt aus
nachhaltiger Forstwirtschaft.

1. Auflage 2011

Herausgeber: Dryas Verlag, Frankfurt am Main, gegr. in Mannheim

Gestaltung und Herstellung: Gabriel A. Neumann, Heidelberg
Umschlagentwurf und Fotos: Oliver L. Radtke, außer „Please love your life", S. 125:
Christian Göbel
Druck: Aalexx Buchproduktion GmbH, Großburgwedel

Bibliografische Information der Deutschen Bibliothek:
Die Deutsche Bibliothek verzeichnet diese Publikation in der Deutschen Nationalbibliografie, detaillierte bibliografische Daten sind im Internet über http://dnb.ddb.de abrufbar

ISBN: 978-3-940855-29-9

www.dryas.de

Im Gedenken an C

Oliver Lutz Radtke

Fünfzig Mal Mund auf in China
Was man gegessen haben muss

Vorwort

Dieses Vorwort beginnt mit einer Absage: Das vorliegende Buch ist kein Kochbuch, kein Gourmet-Guide und auch kein Restaurant-Verzeichnis. Die nächsten Seiten möchten Ihnen stattdessen Lust machen auf eine kulinarische Entdeckungsreise der etwas anderen Art. Entweder sind Sie schon im Landeanflug auf Peking oder stehen noch im Buchladen; auf jeden Fall haben Sie Interesse an einer Küche, die zu den besten der Welt zählt. Und das zu Recht. Nirgendwo sonst auf der Welt hat sich eine Hochkultur dermaßen intensiv mit den heilenden Eigenschaften von Nahrungsmitteln beschäftigt und dabei gleichzeitig kulinarische Raffinessen entwickelt wie in China.

Unter den in diesem Buch vorgestellten 50 Dingen finden Sie weder Chopsuey noch Peking-Suppe. Es geht darum, Ihren Blick zu schärfen für die Vielfalt der kulinarischen Alltagswelt in China. Die gerade genannten „Klassiker" der deutschen Chinaküche sind im Reich der Mitte sowieso unbekannt – in diesem Buch finden Sie: Lotuswurzeln, Tee-Eier oder *tanghua'r*, filigrane Kunstwerke aus Zucker.

Jede Zutat, jedes Getränk wird in wenigen Sätzen vorgestellt – natürlich mit Aussprache und Schriftzeichen, Sie wollen die Dinge ja schließlich in Shanghai, Xi'an oder Guangzhou auch vor Ort erwerben oder benennen können. Warum fehlen Hund und Eselpenis, mögen Sie fragen. Das Buch möchte Sie anregen, Dinge zu probieren, weil sie äußerst schmackhaft und manchmal sogar heilsam sind, nicht, weil sie Stoff für Gruselstorys liefern sollen.

Von welcher Küche sprechen wir eigentlich? Ganze acht regionale Küchen – Anhui, Hunan, Fujian, Guangdong, Sichuan, Jiangsu, Shandong, Zhejiang – haben es zu landesweiter Anerkennung gebracht, einige sogar zu Weltruhm, wie die Küchen aus Sichuan und Guangdong. Diese acht stehen jedoch lediglich für Han-chinesisches Kerngebiet, nicht für das gesamte Reich der Mitte. Auch die 56 Minderheiten kommen – im Gegensatz zum vorliegenden Buch – in einem offiziellen Küchenkatalog nicht vor.

Alles in diesem Band ist im Laufe von zehn Jahren privater und journalistisch-wissenschaftlicher Beschäftigung mit China vor Ort getestet worden. Eine Bewertungsskala gibt es nicht, alle Speisen und Getränke auf den folgenden Seiten sind schlichtweg 50 Dinge, die man in China probiert haben muss.

In diesem Sinne: Guten Appetit und *qǐng màn yòng!*

Oliver Lutz Radtke, Beijing, August 2011

Inhalt

1. Winterwurm und Sommergras . . . 10
2. Ananas am Spieß . . . 12
3. Seidenraupen . . . 14
4. Esskastanie . . . 16
5. Zuckerbläserkunst . . . 18
6. Chinakohl . . . 20
7. Datteln . . . 22
8. Kartoffeln . . . 24
9. Tofu . . . 26
10. Schnaps . . . 28
11. Feuertopf . . . 30
12. Jinggao . . . 32
13. Chinesischer Knoblauch-Schnittlauch . . . 34
14. Hühnerfüße . . . 36
15. Drachenbartkokon . . . 38
16. Lotus . . . 40
17. Mantou . . . 42
18. Reis . . . 44
19. Judasohr-Pilz . . . 46
20. Naan . . . 48
21. Nudeln . . . 50
22. Chinesischer Sherry . . . 52
23. Pfannkuchen . . . 54
24. Schweineschwänzchen . . . 56
25. Schweineschnauze . . . 58
26. Honigkuchen . . . 60
27. Sonnenblumenkerne . . . 62
28. Royale Nuss-Schnitte . . . 64
29. Handgezogene Ingwerbonbons . . . 66
30. Getrocknete Rindfleischstreifen . . . 68
31. Tintenfisch am Spieß . . . 70
32. Hundertjährige Eier . . . 72
33. „Himmelwärts gewandter Chili“ . . . 74
34. Joghurt . . . 76
35. Gurkenstücke auf Knoblauch . . . 78
36. Zuckerrohr . . . 80
37. Milchtee mit Perlen . . . 82
38. Zuckerbilder . . . 84
39. Mondkuchen . . . 86
40. Kandierte Fruchtstange . . . 88
41. Wachtelei . . . 90
42. Tee . . . 92
43. Glückskeks . . . 94
44. Fünf-Düfte-Pulver . . . 96
45. Lammspieße . . . 98
46. Goji-Beere . . . 100
47. Mais am Spieß . . . 102
48. Sichuan-Pfeffer . . . 104
49. Reisschleim . . . 106
50. Tee-Ei . . . 108

Mund auf, aber richtig: Kochrezepte

Mapo Dofu . . . 112
Suanni Huanggua . . . 114
Mayi Shang Shu . . . 116

Anhang

Produktpackungen: Chinglish . . . 120
Chinesische Vorstellung vom westlichen Essen . . . 122

Winterwurm und Sommergras

冬虫夏草 *dōngchóng xiàcǎo*

Der Tibetische Raupenkeulenpilz befällt eine dort heimische Mottenart und ernährt sich vom Gewebe seines Wirtes; aus dem Kopf der Raupe wächst schließlich der fingerlange Fruchtkörper des Pilzes. Er wird vor allem für den Versand in andere Teile Chinas gesammelt und hat sich für tibetische Nomaden und Bauern zur wichtigsten Geldquelle überhaupt entwickelt. Zwei Pilze bringen mehr Lohn als ein Tag Arbeit im Straßenbau. Der Pilz wird – in Geflügel gefüllt – als Tonikum bei Energiemangel, aber auch als Aphrodisiakum verwendet. Der Fungus hat sich zum Statussymbol der chinesischen *nouveau riche* entwickelt, die auch schon mal 80.000 Euro pro Kilo zu zahlen bereit sind. Die Infos sollten nun aber reichen, dass Sie diese Laune der Natur einmal selbst probieren wollen, oder?

Herkunft: Tibet, Sichuan, Qinghai

冬虫夏草
西藏
克
散 特级
300449
820.00

Ananas am Spieß

菠萝块 *bōluó kuài*

Das mitteleuropäisch-sommerliche Eis am Stiel ist in China ungekühlt, knallgelb und frisch geschält: Boluo Kuai, Ananas am Spieß. Der Snack für 10 Cent ist so beliebt, dass er auch im Winter angeboten wird. Im Norden des Landes (wegen des Windes) beziehungsweise vor den Eliteunis (wegen der Hygiene, wie vor der Qinghua-Universität in Peking rechts im Bild) auch gerne mit durchsichtigem Häubchen. Ich kaufe sie gerne, nicht nur der Vitamine wegen, sondern auch, weil die handkarrengroßen mobilen Obst-Stände oft das einzige (illegale) Einkommen der beinahe unzähligen Wanderarbeiter sind.

Herkunft: Südchina

Seidenraupen

蚕蛹 *cányǒng*

Die öffentliche Diskussion um die Ernährung der zukünftigen Weltbevölkerung ist in Deutschland immer mal wieder in den Schlagzeilen. Am Tanzhe-Tempel in der Nähe Pekings und im Nordosten Chinas kennt man diese Diskussion nicht, dafür aber seit Jahrhunderten die kulinarische Lösung des Problems. Sie kommt in Form eines Insekts, das bei uns eher als Textillieferant denn als Delikatesse bekannt ist: die Seidenraupe. Mit Grüngemüse und Chili kross angebraten schmecken sie wie würzige Kartoffelchips. Wenn doch der Hunger in der Welt immer so schmackhaft besiegt werden könnte ...

Herkunft: Nordostchina, Harbin, Yunnan

Esskastanie

板栗 *bǎnlì*

Changchun im Winter. Minus 20 Grad. Hier produzieren VW und Audi fahrbare Untersätze und Frau Li einen beliebten Snack to go – frisch geröstete Esskastanien. Ihr selbstgebauter kohlebefeuerter Standmischer steht direkt neben einem großen Kaufhaus in der Stadtmitte. Gerade jetzt im Winter stehen junge und alte Snackliebhaber Schlange bei ihr. Kein Wunder, Kastanien sind wahrlich Klassiker: sie werden in China seit der Jungsteinzeit – also etwa seit 4000 v. Chr. – verzehrt. Esskastanien gelten in der Traditionellen Chinesischen Medizin als „warmes" Lebensmittel, das Sehnen und Muskeln nährt. Davon merke ich noch nichts, als ich mit eiskalten Fingern versuche, die kleinen heißen Nüsse aufzupulen. Nach erfolgreich absolviertem Geduldsspiel schmecken sie aber noch besser. Esskastanien werden darüber hinaus gerne zu Gerichten mit Hühner-, Enten- und Schweinefleisch serviert.

Herkunft: Shanxi, Gansu

Zuckerbläserkunst

吹唐人儿 *chuī tángrén'r*

Zuckermasse, Lebensmittelfarbe, ganz viel Fantasie und sensible Finger – die mundgeblasenen Filigranfiguren von Zhang Yiliang in Chengdu und seinen Kollegen überall in China begeistern vor allem junge chinesische Touristen. Die haben mittlerweile genug Zeit und Geld, um sich wieder für ihr eigenes Land und sein jahrhundertaltes Kunsthandwerk interessieren zu können. Wie in einer Glasbläserei presst Herr Zhang Luft in einen Hohlkörper, den er mit zupfenden und pressenden Bewegungen in eines der zwölf chinesischen Tierkreiszeichen verwandelt. Mit exakten Pinselstrichen erhält der Hahn noch ein wenig Farbe. Der Gockel und seine astrologischen Kollegen sind alles andere als wasserfest. Daher bitte unbedingt Regenschauer vermeiden.

Herkunft: unbekannt

Chinakohl

大白菜 *dà báicài*

Chinakohl heißt in seinem Ursprungsland natürlich anders: das „große Weißgemüse" wird im Reich der Mitte seit mehr als 5000 Jahren angebaut. Es gilt seit der Tang-Dynastie als absolutes Grundnahrungsmittel, so sehr, dass im nördlichen Winter statt Holzstapel ganze Wagenladungen von Weißgemüse vor der Haustür gestapelt werden. Die Familie besteht aus dem „großen Weißgemüse" (*dà báicài*), das unserem westlichen gelblich-weißen Pendant entspricht, und einem „kleinen Weißgemüse" (*xiăo báicài*), das eher an Mangold erinnert und in Deutschland unter Pak Choi oder Senfkohl firmiert. Sehr wichtig bei der Zubereitung: ganz kurz anbraten, damit es knackig bleibt. Oft serviert als Beilage auf Reis oder in einer Suppe.

Herkunft: heute überall in China, besonders populär im Norden

Datteln

枣 *zǎo*

Die große Chipspackung (zum Beispiel mit Blaubeergeschmack!) für den gemütlichen Fernsehabend zu zweit gibt es in China natürlich auch. Aber häufig steht auf dem Wohnzimmertisch eine Schüssel luftgetrockneter Datteln, die dann in atemberaubender Geschwindigkeit weggenascht werden. Kein Wunder, dass sie gleich kiloweise zum Verkauf stehen. Gerne werden Datteln auch in Reisschleimsuppe und Fleischbrühen verwendet. Oder Sie kochen Datteln zur Tea Time 10 Minuten in heißem Wasser. Für deutsche Gerstensaftliebhaber eine ungewohnte Verwendungsweise: Datteln schmecken hervorragend im Bier, besonders, wenn es erhitzt ist, eine Spezialität aus Sichuan, die im Winter hervorragend wärmt. Datteln unterstützen die Widerstandsfähigkeit der Haut und wirken entzündungshemmend.

Herkunft: landesweit

Kartoffeln

土豆 *tǔdòu*

Die „Erdbohne", wie Kartoffel wörtlich übersetzt heißt, klingt erst mal sehr nach Deutschland. Doch *tǔdòu* wurde in China schon Mitte des 17. Jahrhunderts gegessen, mittlerweile ist das Reich der Mitte mit einem Viertel der Weltkartoffelernte der größte Anbauer überhaupt. Gerade im trockenen und armen Norden (Innere Mongolei, Shanxi) ist die Kartoffel eine wichtige und stabile Einkommensquelle. Zubereitet wird die Knolle, die in China als ein Gemüse unter vielen und nicht als Sättigungsbeilage gilt, oft direkt auf der Straße, mit viel frischem Grünchili und Karotten, kurz und knackig angebraten mit einem ordentlichen Schuss Branntweinessig. Für Schäl-Unwillige wird sie auch fertig geraspelt als *tǔdòusī* (Kartoffelstifte) angeboten.

Herkunft: vor allem Nordchina und südwestliche Bergregionen

Tofu

豆腐 *dòufu*

Dafür, dass Tofu ein Zufallsprodukt alchimistischer Hobby-Bastler aus der Han-Zeit ist, kann man über seine vielseitige Verwendbarkeit wahrlich nicht meckern. Tofu ist zunächst Sojamilch, die ausgeflockt und in Stücke gepresst wird. Tatsächlich ist der Quark jedoch – neben Reis und Nudeln – schlichtweg die wahre Nahrungsgrundlage Chinas. Niedrige Brust- und Prostatakrebszahlen im Reich der Mitte machen seine medizinische Wirkung deutlich, 90 Prozent des Eiweißes in Tofu kann der Körper verwerten. Als Basis für „fleischliche" und „nicht-fleischliche" Kreationen ist er unverzichtbar. Tofu schmeckt pur beinahe fad, doch welche Vielfalt ist mit ihm möglich! Ob gebraten, als buddhistischer Fleischersatz (siehe die täuschend echt gestalteten „Schinkenröllchen", unten rechts) oder als olfaktorische Herausforderung in *chòu dòufu* (Stinktofu, unten links) – der wandlungsfähige Sojaquark ist einer der Gründe, warum die chinesische Küche einzigartig ist.

Herkunft: ursprünglich Anhui, nun landesweit

Schnaps

二锅头 *èrguōtóu*

Stellen Sie sich vor, Sie haben am Sonntagmittag bereits eine Peking-Ente, ein halbes Lamm, zwei Schweinenasen und ein ordentliches Rindergulasch verdrückt und brauchen nun einen schönen Digestif. Auftritt Erguotou (zweites Destillat, wörtlich: Kopf des zweiten Topfes), seit 3000 Jahren in chinesischen Braukesseln unterwegs und in Qualität und Preisklasse vergleichbar mit „Der Gute Klare" von A&P. Mit einem Unterschied: die kleine 0,3-l-Flasche destillierter Sorghumhirse mit 56 Prozent Alkoholgehalt reicht aus, um im Handumdrehen wieder Platz im Magen zu schaffen. Dafür lagert das Gebräu etliche Jahre im Nordosten Beijings. Erguotou ist spottbillig und deshalb vor allem bei Arbeitern im Norden Chinas sehr populär. Nun stellen Sie sich vor, dass diese Flasche am hellichten Montagmittag geleert wird, damit der Kader-Chauffeur nach der Mahlzeit nicht so furchtbar rülpsen muss. Da passt es ja, dass die Volksrepublik in den nächsten Jahren verstärkt in Bio-Sprit aus Sorghum investieren will.

Herkunft: Henan, heutzutage vor allem Beijing

注册 商标
中国驰名商标
中华老字号
红星二锅头酒
五十六度
清香型白酒
气味香馥
净含量：100ml
北京红星股份有限公司

Feuertopf
火锅 *huǒguō*

Lange Zeit gab es bei uns ein Missverständnis in Sachen Feuertopf. Wir Deutschen gingen davon aus, es handele sich nur um ein Gericht, in dem ähnlich wie beim Schweizer Fondue Fleisch- und Gemüsestücke in eine Brühe getunkt würden. In Wahrheit ist der Genuss eines Feuertopfs aber viel mehr, nämlich der kulinarische, aber vor allem soziale Höhepunkt im stressigen, aufs Geldverdienen ausgerichteten Alltagsleben der *báilíng* (Weißkragen = Büroangestellten). Beim Dippen und Rühren, Präparieren und Kombinieren blüht der Hobbyküchenchef auf, der in jedem, aber auch wirklich jedem Chinesen steckt. Dazu gibt es in manchen Restaurants regelrechte Aufführungen wie hier den Nudel-Tanz des Koch-Azubis (siehe Foto). Die Hauptsache bilden die oft sehr feucht-fröhlichen und langwierigen Diskussionen rund um die Mahlzeit. Eine der wenigen Gelegenheiten in China, bei denen das Essen weniger wichtig ist als die Meinung darüber.

Herkunft: Henan, Mongolei, heutzutage vor allem Sichuan

Jinggao

镜糕 *jìnggāo*

Wie das Urteil der Kaiserinwitwe Cixi ausfiel, ist nicht bekannt, überliefert ist aber, dass Jinggao auch durch den Magen der mächtigsten Frau der Qing-Dynastie gegangen ist. Jinggao ist ein mandschurischer Snack aus *nùomǐ*, Klebreis, der in kleinen Bambusbehältern frisch gedämpft wird. Mit zwei Holzspießchen wird der fertig gegarte Reistaler aus seiner Schale befreit, anschließend mit Rosenblütenpaste bestrichen und in Zucker, Sonnenblumenkerne und Maisgrieß getunkt. Vielen Han-Chinesen ist die Geschichte des Snacks nicht bekannt, er schmeckt ihnen trotzdem. Jinggao – ein Stück Verbotene Stadt – für den kleinen Hunger zwischendurch.

Herkunft: Beijing, heute auch im Huiminjie-Viertel in Xi'an

Chinesischer Knoblauch-Schnittlauc

韭菜 *jiǔcài*

Nehmen wir an, Sie sind zum Geschäftsessen eingeladen. Was Ihnen noch Tage später neben dem Nationalschnaps Maotai geschmacklich besonders hartnäckig aufstoßen wird, ist Jiucai. Jiucai zu übersetzen ist schon nicht ganz einfach. Das Wörterbuch bietet „Knoblauch-Schnittlauch", „Chinesischer Schnittlauch", „Schnittknoblauch", „Thai Schnittlauch" oder „Knolau". Eindeutiger ist da schon seine Verwendung. Ohne Jiucai wäre eine Vielzahl an Teigtaschenvariationen wie *shuǐjiǎo* (gekocht) oder *zhēngjiǎo* (gedämpft) völlig undenkbar. Bestellen Sie sich doch einfach mal ein oder zwei Bambuskörbchen am Straßenrand. Frischere Jiucai-Kreationen gibt es nicht.

Herkunft: landesweit

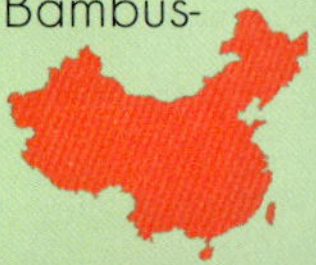

Hühnerfüße

鸡爪 *jīzhuǎ*

Chinesen trinken Tee, essen Reis und Hühnerfüße – so denken viele in Deutschland. Tatsächlich erleben Kaffeehäuser einen wahren Ansturm in der Volksrepublik, essen viele Nordchinesen vor allem Nudeln, und Hühnerfüße schmecken wahrlich nicht jedermann, genauso wie die wenigsten Chinesen Katze essen. Hühnerfüße werden entweder klein gehackt und gebraten oder wie beim Schwarzhuhn als Ganzes gedämpft und mit einer scharfen Sauce zum Dippen angeboten. Keine Sorge, die scharfen Krallen werden Ihnen nicht den Rachen aufschlitzen, Zehen und Knochen sind ordentlich weichgekocht. Hühnerfüße sind als Snack auf langen Zugfahrten beliebt und werden gerne mit einem Schuss *Erguotou* herunter gespült. Für die chinesischen (und westlichen) Weicheier gibt es mittlerweile auch gefälschte Hühnerfüße aus Süßkartoffelmehl (Foto unten rechts).

Herkunft: landesweit

Drachenbartkokon

龙须糖 *lóngxūtáng*

Das Essen und eine rege Fantasie gehören in China zusammen, gerade was die Benennung einzelner Speisen anbelangt. Drachen gehören als mythisches Symbol zu den wichtigsten Namensgebern und haben aufgrund der Analogie Drache = Herrscher auch eine politische Konnotation. Hinter dem schönen Titel Drachenbartkokon verbirgt sich eine Heidenarbeit. Der Bäckerlehrling zieht eine Malzzuckerschlinge minutenlang in die Länge, bis die einzelnen Schlaufen haarfein geworden sind. Die zarten Fäden rollt er schließlich zu fingerlangen Spulen auf, die mit Erdnuss-, Sojabohnen- oder Kokospulver gefüllt werden. Dafür ist Kraft und Ausdauer gefragt, und eine Menge Geduld – nicht nur um die täglichen Touristenfotos zu ertragen. Die filigranen Kokons zergehen auf der Zunge und sollten nicht zu lange aufbewahrt werden.

Herkunft: Xinjiang

糖

Lotus

莲藕 *lián'ǒu*

Lotus ist ein historisches Gute-Laune-Gemüse. Die Knolle, die in Größe und Form ein wenig an eine Kartoffel erinnert, fällt eindeutig in die Kategorie „außen pfui und innen hui". Die eigentümlichen Löcher sind Luftröhren und können, gut gesäubert, zum Beispiel mit Hackfleisch gefüllt werden. Lotus wird in Sichuan gerne auf dünne Holzspieße gesteckt und mit Pilzscheiben und anderen Gemüsesorten tagelang in scharfem Öl gelagert. Als Feuertopf-Zutat ebenso wie im Rohzustand sehr zu empfehlen. Die faserige Konsistenz erinnert an einen Apfel. Der hat nur weniger schöne Löcher. Eine Lotussuppe ist gut für die Frostbeulen unter meinen geschätzten Lesern.

Herkunft: Überall, wo es Wasser gibt

Mantou

馒头 *mántou*

Das weiße oder gelbliche Dampfbrot aus Weizenmehl (mit oder ohne einen Schuss Maissaft), Wasser und Hefe, das vorzugsweise in Nordchina und Taiwan gegessen wird, erinnert in seiner Konsistenz an Dampfnudeln. Ein Mantou ist aber viel mehr. Im Norden ist der Mantou mit Pfannkuchen und Nudeln absolutes Grundnahrungsmittel. Im Süden gelten Mantou als Straßensnack für zwischendurch. In einem sind sich allerdings gerade die älteren Generationen in Nord und Süd einig: Mantou sind ein nostalgisches Relikt aus Grundschultagen oder einer Zeit, in der sein Besitz als Statussymbol der Wohlgenährten galt. Probieren Sie beide Varianten, weiß und gelb. Auch heute noch stehen Beijinger für manche Spielarten Schlange.

Herkunft: Nordchina

Reis

米 *mǐ*

Chinesen essen Reis. Ja, richtig, mehr als ein Drittel der weltweiten Reis-Produktion stammt aus China. Die Frage ist aber: welchen? Nordostchinesischen *dongbei dami*? Oder doch japanischen *qiutian xiaoding*? Bei mehr als 4000 Reissorten hat jeder Chinese seine Favoriten. Reis wird in China seit der Jungsteinzeit gegessen. Es gibt kaum ein Land, das sich in dieser Größenordnung mit einem einzigen Getreide identifiziert. Es lässt sich aber auch so viel damit anstellen! Neben der einfachen Schüssel gekochtem Reis gibt es unter vielen Variationen auch die Feiertagsspezialität *zòngzi* im Bambusmantel, den Klebreis *nuòmǐ* (s. *Jinggao* S. 32), oder den Reisschnaps *mǐjiǔ*. Welchen psychologischen Stellenwert Reis besitzt, sehe ich an chinesischen Freunden, die nach dem Besuch westlichen Fastfoods zu Hause noch eine große Schüssel Reis verdrücken. Übrigens: Der unsichtbare Reis-Äquator zieht sich ungefähr am Qinglin-Gebirge entlang. Alles darüber isst – mit den üblichen regionalen Ausnahmen – vorzugsweise lieber Nudeln.

Herkunft: vor allem Südchina, Grundnahrungsmittel der Han-Chinesen

42.50
59.90
减少您的排队时间。

Judasohr-Pilz

木耳 *mù'ěr*

Es zählt zu den Merkwürdigkeiten im zeitgenössischen Deutschland, dass chinesische Zutaten wie der Xianggu-Pilz unter ihrem japanischen Namen Shiitake bekannter sind als unter ihrem chinesischen. Das ist beim „Holzohr"-Pilz Mu'er zum Glück anders. Weil er unter anderem auch auf alten Holunderstämmen wächst und sich Judas Ischariot an einem Holunderbaum erhängt haben soll, heißt der ohrförmige Ständerpilz in Deutschland Judasohr. Mu'er wird in vielen Schweine- und Rindfleischgerichten als Geschmacksveredler verwendet – zum Beispiel in *mù'ěr chǎoròu*, Pilz und Schweinefleisch gebraten (siehe Foto). Die moderne Lebensmittelindustrie hat den ursprünglich voluminösen Pilz in ein handliches Suppenwürfelformat verkleinert. Einmal ins Wasser gelegt, ist er im Anschluss wieder so, wie er sein soll: saftig und bereit für die Pfanne.

Herkunft: waldreiche Gebiete, unter anderem Heilongjiang, Sichuan, entlang des Yangtse

精品
黑木耳
北大荒山珍

Naan

馕 *náng*

Sie stehen in Xi'an auf der Straße und verspüren auf einmal Heißhunger auf Brot. Was nun? Kein Problem! In der Hauptstadt der Provinz Shaanxi gibt es eines der leckersten Brote der Welt, frisch aus dem Steinofen, leicht knusprig und mit Sesam bestreut – Nang. So einfach das Brot, so kompliziert sein Schriftzeichen – ganze 24 Striche benötigt der Brotfladen, um auf Chinesisch festgehalten zu werden. Lediglich 5 Minuten brauche ich, um eines der frisch gebackenen Teig-Wagenräder mit der schönen Musterung zu verschlingen. Nang (von persisch Naan – Brot) entstammt der Familie der Flachbrote aus Süd- und Zentralasien. In China werden sie vor allem in der nordwestchinesischen Provinz Xinjiang hergestellt, wo die Mehrheit der Bewohner Turkvölker sind. Das Steinofenbrot am besten handwarm und mit einer Portion Lammcurry genießen.

Herkunft: Xinjiang, Shaanxi

Nudeln

面条 *miàntiáo*

Die Frage des Personals auf innerchinesischen Flügen lautet nicht „Hühnchen oder Rind“, sondern oft „Reis oder Nudeln“. Nudeln waren für viele Südchinesen noch vor wenigen Jahrzehnten aufgrund der dortigen Mehlknappheit ein echter Luxus, im Norden sind Nudeln ein überall zu findendes Grundprodukt in Suppen, gebraten oder kalt (*Xi’an liángpí*). Im Supermarkt sind Nudeln so verpackt wie in Deutschland die Mülltüten, unterarmlange Rollen in Handbreite. Ein Nudelbäcker produziert auch schon mal aus der eigenen Garage heraus. Es gibt zwei Hauptsorten von Nudeln: *miàntiáo* und *fěn*. *Miàntiáo* werden aus Weizen- oder Buchweizenmehl hergestellt, *fěn* hingegen aus Reis, Mais, Mungbohnen oder sogar einer Farnsorte. In Form, Farbe, Geschmack und Textur sind alle sehr unterschiedlich, als Stärkung zwischendurch aber immer genial.

Herkunft: Nordchina

金爵士
5.50元斤
人人
全蛋面

Chinesischer Sherry

黄酒 *huángjiŭ*

Der „gelbe Alkohol" wird landesweit seit 6000 Jahren destilliert, die ersten schriftlichen (!) Belege für Alkohol-Brauereien stammen aus dem 21. Jh. v. Chr. Shaoxing, die Geburtsstadt von Lu Xun, dem wichtigsten chinesischen Schriftsteller des frühen 20. Jahrhunderts, hat sich die Alkoholsorte kommerziell unter den Nagel gerissen und gilt als bekanntester Hersteller des Landes. Nü'erhong ist die bekannteste Shaoxing Huangjiu-Marke. Traditionell wurde in den Provinzen Jiangsu und Zhejiang zur Geburt einer Tochter Schnaps gebraut und in Tonfässern 18 Jahre lang in der Erde gelagert. Mit 18 Jahren galt das Mädchen als heiratsfähig und der Schnaps wurde zu ihrer Hochzeit wieder ausgebuddelt. Huangjiu ähnelt von Geschmack und Textur her einem Sherry, ohne dessen hölzern rauchiges Aroma. Er ist gut zum Kochen von Fischgerichten oder Innereien geeignet.

Herkunft: Zhejiang, Jiangsu, Shandong

古越龍山
太雕
醇雕王

Pfannkuchen

煎饼 *jiānbǐng*

Prägen Sie sich diese beiden Zeichen ein! Überall im Land werden auf großen Plakaten frisch auf der Straße zubereitete Pfannkuchen mit diesen Zeichen angeboten. Die Füllung variiert je nach Region, wie alles in diesem Land. Eine Standardvariante des *Crêpe chinoise* beginnt mit einem Ei, das direkt über dem ausgestrichenen Teig aufgeschlagen wird. Anschließend werden frische Kräuter darüber gestreut. Nach der ersten Faltung wird eine Seite mit Hoisin-Sauce und Chili-Paste bestrichen. Zum Schluss kann man noch ein Stück kross frittierten Krapfen dazulegen lassen. Das Ganze wird in zwei Hälften geschnitten und in eine kleine Plastiktüte geschoben, zum Verzehr direkt auf der Straße. Kostenpunkt: So viel Kleingeld haben Sie immer in der Tasche. Versprochen!

Herkunft: landesweit

Schweineschwänzchen

猪尾 *zhūwěi*

Wie schön ist es doch, durch eine deutsche Fußgängerzone zu gehen, wenn mich plötzlich der Hunger überkommt nach einem kleinen Imbiss – ich habe dann die Auswahl zwischen Backwaren, einem Eis oder einem Stück Pizza im Stehen. In China würde das auch schon mal mit einem Schweineschwanz gelingen, der frisch gegrillt und in bissfertige Stücke geschnitten, gerne als Snack auf der Straße verputzt wird. Ähnlich wie ein eingelegter Schweinefuß ist der *zhūwěi* eine Delikatesse, die man durchaus mit ordentlichen Ausrufen der Begeisterung verspeisen darf.

Herkunft: landesweit

Schweineschnauze

猪鼻子 *zhūbízi*

Warum macht das Einkaufen in sichuanesischen Supermärkten so viel Spaß? Wo sonst sehe ich eine dermaßen große Vielfalt an geräucherten und luftgetrockneten Teilen von Vögeln und Huftieren! In eine klein gehackte Schweineschnauze zu beißen, mag am Anfang Überwindung kosten, das Riechorgan gehört aber durch seine hoch entwickelte Zellstruktur zum Feinsten, was das Tier zu bieten hat. In einer Suppe oder als Snack (wie Currywurst in der Schale serviert!) – der marinierte, mit Zypressenholz geräucherte Riecher schmeckt schweinisch gut.

Herkunft: landesweit

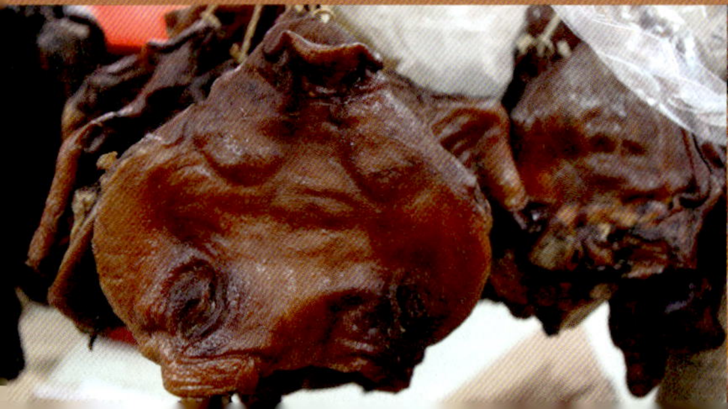

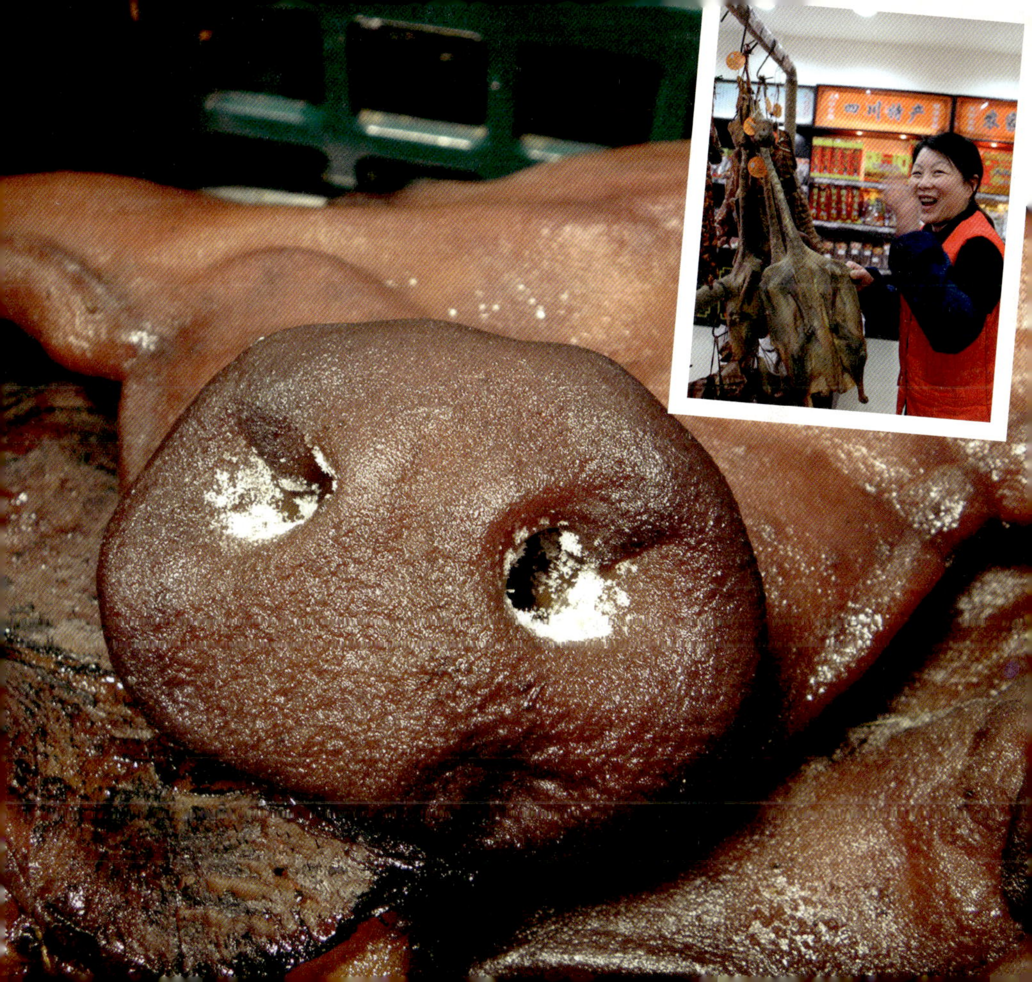
四川特产

Honigkuchen

蜂蜜糕 *fēngmìgāo*

Honigkuchen nach Pekinger Art – ein harter Biskuit aus der Hauptstadt, mit weicher süßer Honigfüllung, der hervorragend zum Nachmittagstee passt und daher so gar nicht chinesisch daher kommt. Nachmittagstee? In Guangzhou, Hongkong und Macao hat sich die Tradition des *xiàwǔchá*, der englisch inspirierten Tea Time, gehalten. Wenn ein Deutscher um 16 Uhr seinen Beijinger Biskuit vor den Toren Hongkongs in die Kaffeetasse dippt, nennt man das Globalisierung, aber vor allem Urlaub. Probieren Sie es aus!

Herkunft: Beijing

老北京特色小吃
云南米线、米粉
老北京传统食品
蜂蜜糕

Sonnenblumenkerne

瓜子 *guāzǐ*

Mit einem temperamentvollen „Kracks“ verschwinden Tonnen von Sonnenblumenkernen tagtäglich in den knabbersüchtigen Mündern Chinas. Jung und alt lieben das Knacken aller möglichen Samenfrüchte, allen voran unbehandelte oder leicht gesalzene Sonnenblumenkerne, dass es eine wahre Freude ist. Laut Feng Zikai, einem berühmten Karikaturisten des Landes aus den 1930er Jahren, hat jeder Chinese einen Doktortitel im Hülsen knacken. Zurück bleibt von der oralen Orgie meist nicht mehr als ein Haufen leerer Hülsen – im Teehaus, im Park oder auf dem Konferenztisch. Ob die Leidenschaft damit erklärt werden kann, dass ein Pfund Sonnenblumenkerne – drei Tage hintereinander vor dem Schlafengehen gegessen – gut gegen Wurmbefall sein soll?

Herkunft: landesweit

Royale Nuss-Schnitte

京城御糕 *jīngchéng yùgāo*

Mit einem theatralischen „Huaaa" lässt Xiao Zhang seinen schweren Holzhammer auf den vor ihm liegenden Erdnuss-Brei hernieder sausen. Auf der Beijinger Wangfujing Snack Street, die eher nicht für kulinarischen Leckereien, sondern für überteuerte touristische Ess-Spektakel bekannt ist, findet sich dennoch ein historisches Kleinod: der Nuss-Snack Jingcheng Yugao, der sich in die Qing-Dynastie zurückverfolgen lässt. Der aus mehr als einem Dutzend Nusssorten und Honig zubereitete Teig wird von Xiao Zhang und seinen Kollegen ordentlich zermalmt und in nostalgisch anmutenden Papiertüten zum Verzehr angeboten. Die Leckerei ist zwar dreimal so teuer wie ein normaler Straßensnack, der Geschmack ist es allemal wert. Nur echt in der Hauptstadt!

Herkunft: Beijing

京城御糕
配料:腰果、无花果、莲子、
百合、花生、蜂蜜、
黑芝麻等多种珍品。

Handgezogene Ingwerbonbons

姜糖 *jiāngtáng*

Was haben Meister Teng und König Midas gemeinsam? Alles, was sie anfassen, wird zu Gold. Zumindest beinahe, aber handgezogene Ingwerbonbons kommen dem Edelmetall immerhin farblich schon sehr nahe. Meister Teng steht in der Nähe des Trommelturms in Xi'an und zieht, schlägt und schneidet seine geradezu kunsthandwerklich gefertigten Kostbarkeiten in immer feinere Streifen. Aus einer anfänglich dunkelbraunen Masse wird in wenigen, für ihn anstrengenden Minuten ein golden leuchtender Bonbonteig. Die traditionelle chinesische Süßigkeit gibt es in verschiedenen Geschmacksrichtungen: Ingwer-Zitrone, Ingwer-Orange, Ingwer-Ingwer und alle garantiert handverlesen. Die Industrialisierung der chinesischen Lebensmittelwelt hat natürlich auch vor Jiangtang nicht halt gemacht, aber die Massenware verhält sich geschmacklich so wie die hausgemachte Pizza zur tiefgekühlten. Diese schöne alte Handwerkstradition sollte Ihnen den Euro wert sein.

Herkunft: ursprünglich Südchina

新亞
薄荷味
姜糖
NET WEIGHT
Pepper Mint
Ginger Chew
新亞
薄荷
姜

Getrocknete Rindfleischstreifen

牛肉干儿 *niúròugān'r*

Was bei uns an Robbenhaut kauende Eskimos erinnern mag, ist in China großes Snack-Kino. Und natürlich brüstet sich Sichuan auch damit, die besten Trockenfleischstreifen des ganzen Landes zu haben – scharf, würzig, und – nach einer gründlichen Phase der Einspeichelung – auch mit genügend Rindfleischaroma. Dass Sie vorher Ihren Zahnarzt konsultieren sollten, ob Sie da reinbeißen dürfen, versteht sich von selbst! In China wandern und nur eine biologisch-dynamische Fruchtschnitte dabei haben? Nix! Gut getrocknetes Rindsleder muss her, das hält übrigens auch länger vor ...

Herkunft: Tibet, Sichuan

Tintenfisch am Spieß

鱿鱼 *yóuyú*

Mit großem Elan wirft Herr Qi seine achtarmige Ware auf die heiße Platte vor sich. Als Angehöriger der muslimischen Hui-Minderheit isst er selbstredend kein Schweinefleisch, aber auch Rind und Lamm schmecken ihm nicht. „Gott sei Dank stehe ich jeden Tag hier an dieser Ecke und verkaufe Youyu", sagt der Mittvierziger und lacht über das ganze Gesicht. „Kurz mit ein wenig Öl anbraten und flachdrücken", sagt Qi, „dann ordentlich würzen und mit Bohnenpaste bestreichen" – fertig ist der kross gebratene Kalmar.

Herkunft: Ostküste Chinas

Hundertjährige Eier

松花蛋 *sōnghuādàn*

Hundertjährige Eier (die in Wirklichkeit wenige Wochen lagern) gehören zu den Zauberkunststückchen der chinesischen Küche. Allein die ursprüngliche Entstehungsgeschichte muss abenteuerlich gewesen sein, ist jedoch leider im historischen Urschlamm versunken. Vielleicht hat sie sich so an einem unbekannten Königshof zugetragen: „Erhabener Herrscher", sagte der royale Chefkoch und nahm sich feierlich den Hut vom Kopf, „ich habe mir letzthin so meine Gedanken gemacht und dazu ein Ei genommen, es mit Asche umschmiert, Stroh drum herum gewickelt und für einen Monat in die Erde gelegt um zu sehen, was passiert. Heute Morgen habe ich es ausgegraben und es schmeckt! Hier!" Die wunderschönen Pinien-ähnlichen Strukturen im semitransparenten dunkelbraunen Ei kommen übrigens vom Alkali, das mit dem Eigelb reagiert. So heißen Hundertjährige Eier wörtlich übersetzt auch viel schöner: Pinienblüteneier.

Herkunft: Jiangsu

„Himmelwärts gewandter Chili"

朝天椒 *cháotiānjiāo*

Die Schotengattung stammt aus Südwestchina und reift tatsächlich mit der Spitze nach oben heran. In einem *mălà xiāngguō* (trockenen Feuertopf, unten rechts) macht sie – klein, knallrot und scharf – ihrem Namen alle Ehre: Tränenblind wende ich das Gesicht dem Himmel zu und bitte inständig um ein Ende der Schmerzen. In der gerösteten Snack-Kombination aus Chengdu (siehe rechts), die mit Erdnüssen, Honig und Sesam angereichert wird, gibt sich der Hülsenteufel allerdings süß und zahm. Eine 100-Gramm-Tüte kostet 80 Cent. Ganz ohne Stoßgebet.

Herkunft: Sichuan

Joghurt

酸奶 *suānnǎi*

Wer zum Thema China beziehungsweise chinesische Ess- und Trinkgewohnheiten den Mund aufmacht, lügt schnell. „Chinesen trinken keine Milch." Da geht es ja schon los! Natürlich tun sie das, und zwar mit ordentlichen Wachstumszahlen. Gerade in der Hauptstadt ist der von den Mandschuren eingeführte Naturjoghurt sommers wie winters allerdings seit Jahrhunderten ein höchst populäres Erfrischungsgetränk. „Der ist so gut für die Haut", bekomme ich immer wieder zu hören. Überall in den Hutongs, den historischen Gässchen Beijings, werden sie angeboten – kleine mit Papiermembranen verzierte Tontöpfe, die an unzähligen Familienkiosken auf durstige Kundschaft warten. Genießen Sie die saure Erfrischung bei einem Gang durch herausgeputzte Hutongs wie die Nanluoguxiang oder (noch) urtümlich belassene Gassen südlich vom Lamatempel Yonghegong.

Herkunft: Mandschurei

Gurkenstücke auf Knoblauch

蒜泥黄瓜 *suànnǐ huángguā*

Gurkenstücke mit gehackter Knoblauchzehe – je nachdem, wo Sie in China aus dem Flugzeug steigen, serviert man Ihnen eine halbe oder auch mal drei ganze Zehen zu dieser erfrischenden Gurken-Vorspeise. Eigentlich ist das kalte Gericht zum Knabbern gedacht, bevor die eigentlichen Leckereien an den Tisch gebracht werden. Lassen Sie sich ruhig eine ordentliche Portion kommen, im Sommer hat die Gurke eine kühlende Wirkung, im Winter hält der Knoblauch Sie gesund. Und so erträgt man auch manche Taxifahrt mit einem Knoblauch liebenden Steuermann spürbar leichter.

Herkunft: Nordchina

Zuckerrohr

甘蔗 *gānzhe*

Es ist heiß, Sie möchten etwas Erfrischendes trinken, haben aber auf Qingdao-Bier keine Lust? Schön, dass Sie gerade durch Shanghais Altstadt schlendern und dort für wenige Cent ein Glas frisch gepressten Zuckerrohrsaft erstehen können. Vielleicht hat Ihr Verkäufer auch so viel Spaß wie Herr Li auf dem Bild rechts. Die Zuckerrohr-Pflanze wächst vor den Toren der Stadt (und natürlich überall in Südostasien), wird bis zu drei Meter lang und muss vor dem Schneiden fachgerecht geschält werden. Wie so vieles in China findet die ganze Aktion – vom Betrachten, übers Auswählen, Schälen und Kaufen – mitten auf der Straße statt. Der natürliche süßliche Geschmack erfrischt tatsächlich und ist frei von jeglichen Zusatzstoffen.

Herkunft: Südchina

Milchtee mit Perlen

珍珠奶茶 *zhēnzhū nǎichá*

Tee mit Milch dürfte Ihnen bekannt vorkommen. Aber kennen Sie die Kombination mit Tapioka-Perlen? Von Geschmack und Konsistenz her erinnern sie an über Nacht in Wasser aufgeweichte Gummibärchen. Die infantil anmutende Gluckserei beim Trinken und Kauen, das lautstarke Schmatzen und Schlürfen womöglich haben diese Kombination zu einem erstaunlich ausdauernden Mode-Getränk gemacht, das ursprünglich in den 1980er Jahren in Taiwan erfunden wurde. Der Strohhalm ist doppelt so breit wie wir ihn kennen, schließlich müssen da ja die essbaren Gummiperlen durch. In Guangzhou und anderen Metropolen gibt es für den Preis von zwei üblichen Bechern noch eine Steigerung des Ganzen: dem Perlentee wird zusätzlich ein Schuss Cola hinzugegeben.

Herkunft: Taiwan

Zuckerbilder

糖画儿 *tánghuà'r*

Mit Schwung gleiten Herrn Changs Hände über die weiße Marmorplatte. Er ist ein talentierter Maler, der tagaus, tagein die zwölf chinesischen Tierkreiszeichen immer wieder aufs Neue erschafft. Das Ungewöhnliche dabei: Er malt mit Zucker, und zwar braunem Malzzucker, der besonders schnell hart wird. Die Mischung ist sein Betriebsgeheimnis. Im Gegensatz zu den mundgeblasenen Tierfiguren der *chui tangren'r* ist bei diesem Handwerk der Spucke-Anteil gleich Null. Der Drache lässt sich leicht in einzelne Teile zerbrechen und langsam in die ewigen Jagdgründe lutschen. Doch wer wollte solch ein filigranes Geschöpf schon zerbrechen?

Herkunft: Sichuan

Mondkuchen

月饼 *yuèbǐng*

Es ist Mai und Sie geraten ins Schwitzen: der letztjährige Berg an Weihnachtsschokolade ist immer noch nicht aufgebraucht. Wer hat auch bei 25 Grad im Schatten so richtig Lust auf Zimt und Marzipanschokolade? Ähnlich verhält es sich mit Mondkuchen, die zum sommerlichen Mondfest *Zhōngqiūjié* auf den Markt kommen. Das in großem Umfang wild an Familie, Freunde, Vorgesetzte, Kollegen und Nachbarn verschenkte Feiertagsgebäck ist oft erst am Ende des Jahres wirklich aufgegessen. In Maßen genossen sind die traditionell mit einer Nussmischung, süßem Schinken oder Lotusmarmelade gefüllten Kuchen wunderbar. Doch wer hält schon Maß, wenn die saisonale Werbemaschinerie auf vollen Touren läuft? Im marktwirtschaftlichen China gibt es längst die Angeber-Varianten eisgekühlt, mit Champagnerfüllung.

Herkunft: landesweit

Kandierte Fruchtstange

糖糊芦 *tánghúlu*

Tanghulu sind ein klassischer nordchinesischer Winter- und Frühlingssnack. Nach traditionellem Rezept werden die in China sehr beliebten, aber eigentlich eher sauren Sanddornfrüchte (*shānzhā*) auf Holzspieße gesteckt und mit kandiertem Zuckersirup übergossen. Die sauren Früchte passen hervorragend zu ihrem süßen Zuckermantel, der sie zudem in der hellen Frühlingssonne schön rot glänzen lässt. Die Signalfarbe macht direkt Lust einen Stab mitzunehmen. Neue Varianten präsentieren auch Erdbeere, Ananas oder Orange, kombiniert mit Walnüssen. Aber, das sagen junge und alte Chinesen gleichermaßen, am besten schmecke immer noch die süß-saure Kombination, in der das Naschwerk eigentlich erfunden wurde.

Herkunft: Beijing, Tianjin

Wachtelei

鹌鹑蛋 *ānchúndàn*

Ein Ei gleicht dem anderen, möchte man meinen. Doch Wachteleier schmecken vielen Chinesen besser als Hühnereier, sie haben darüber hinaus nur ein Drittel des Cholesterinwerts. Sie werden gerne als Babynahrung und auch gegen Schlafstörungen verwendet. *Anchundan* gibt es auch als „Hundertjährige Eier" oder am Spieß. Der Apparat auf dem Bild steht in Xi'an und wird von Frau Liu bedient. Flink gibt die fröhliche Frau ein halbes Dutzend Eier in die Backform, steckt einen Bambusstab durch die noch halbflüssigen Eier hindurch und backt sie in weniger als einer Minute durch. Mit einer pikanten Sauce bestrichen, ist dieser fünffache Eier-Imbiss ein echter Gaumenschmaus.

Herkunft: landesweit

Tee
茶 *chá*

Ob grün, schwarz, Chrysantheme oder Jasmin – Hauptsache, Sie lassen es ruhig angehen. „Abwarten und Tee trinken" ist zwar kein chinesisches Sprichwort, bei einem Blick in ein *cháguǎn*, ein chinesisches Teehaus, stellt der Neuankömmling aber fest, dass das Sitzfleisch chinesischer Teetrinker enorm sein muss. Stundenlang wird der Tee neu aufgegossen, eine preiswerte Kanne mit *free refill* hält einen ganzen Sonntagnachmittag, begleitet von einem Haufen Sonnenblumen- oder sonstiger Kerne.

Herkunft: Südchina

Glückskeks

幸运小饼 *xìngyùn xiǎo bǐng*

Egal, ob sie dem US-Japaner Makato Hagiwara oder dem Amerikaner David Jung zuzuschreiben sind, eines steht fest: Glückskekse sind eine china-ferne Erfindung des 20. Jahrhunderts und in den USA entstanden. Kein Wunder also, dass die hier abgebildeten, experimentierfreudigen Chinesen zwischen Peking im Norden und Chengdu im Süden eher amüsiert oder irritiert dreinblicken, wenn sie das für sie ungewöhnliche Gebäck in der Hand halten. Ein Zettelchen mit vermeintlichen Weisheiten des Konfuzius ist ihnen jedenfalls so auch noch nicht untergekommen. „Der Keks ist allerdings ganz in Ordnung", erzählt einer meiner Testesser. Weitere deutsche Fantasiegerichte aus China: „Peking-Suppe" und „Chop Suey".

Herkunft: USA

Fünf-Düfte-Pulver

五香粉 *wǔxiāngfěn*

Das Fünf-Düfte-Pulver zaubert eine ungewohnte Vielfalt auf Ihre Zunge. Es besteht aus Sternanis, Zimt, Nelke, Fenchel und Sichuan-Pfeffer. Es wird sehr häufig für Speisen aller Art verwendet, vor allem zum Braten von Fleischsorten wie Ente oder Schwein. Das Besondere an diesem Pulver ist sein komplexes Geschmackspaket. Richtig dosiert, spricht es alle fünf Geschmacksrichtungen an (salzig, süß, sauer, bitter und scharf) und ersetzt somit ein ganzes Gewürzregal. Nach chinesischer Diätetik sollten in jeder vollständigen Mahlzeit sowieso alle fünf Geschmacksrichtungen vorhanden sein. So bleibt auch das Gefühl aus, nicht vollständig satt geworden zu sein. Probieren Sie es aus!

Herkunft: Shandong

Lammspieße

羊肉串儿 *yángròuchuàn'r*

Eines der ersten Zeichen, das Sie auf einer China-Reise kennen und lieben lernen werden, ist in Ihren Augen womöglich eine leicht demolierte Weihnachtsreklame. Das Zeichen *chuàn* 串 für Spieß sieht als Leuchtreklame am Straßenrand tatsächlich oft ein wenig aus wie eine kubistisch degenerierte Weihnachtstanne. Der Reklame sollten Sie nachgehen und sich – mit robustem Magen – an den Schaschlik-Fleischspießen der meist muslimischen Brat-Experten laben. Mit scharfem Chilipulver und einer geheimen Gewürzmischung sind die Spieße ein großer Knabberspaß. Bestellen Sie ebenfalls in der Dachrinne geröstete *mántóupiàn'r* (Dampfnudeln in Scheiben) – und ein paar Flaschen gekühltes Qingdao-Bier, und ein herrlicher Sommerabend kann beginnen.

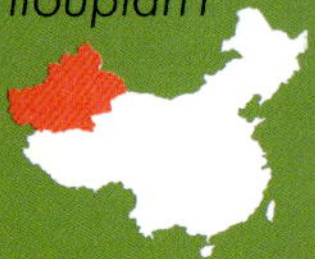

Herkunft: Xinjiang

Goji-Beere

枸杞 *gǒuqǐ*

Einen beeindruckenden Anblick bieten in Chinas Großstädten die Gruppen weißhaariger Stadtbewohner, die morgens um 6 Uhr in den öffentlichen Parks ihr äußerst flexibles Tanzbein schwingen. Ein genauer Blick in die herumstehenden Teebecher offenbart eine mögliche Erklärung für diese erstaunliche Beweglichkeit: die Goji-Beere. Sie stärkt die Blutzirkulation, senkt den Blutzucker, ist gut für Nieren und Augen und einer der Gründe, warum der monatliche „Besuch der Tante" (*dà yímā*, so ein Euphemismus für die weibliche Periode) in China häufig unproblematisch verläuft. Die besten Früchte stammen aus Ningxia und werden auch gerne in Gemüse- oder Fischsuppen verwendet. Hauptsache, es hilft.

Herkunft: Ningxia

Mais am Spieß

玉米 *yùmǐ*

Neben Süßkartoffeln und Nang gehört der gemeine Maiskolben – sommers wie winters – zu den meistverkauften Tonnengerichten der chinesischen Städte. Tonnengericht deshalb, weil der mobile Verkaufsstand meist aus einer alten Öltonne besteht, die ordentlich mit Kohle gefüllt ist und im oberen Drittel die gebratene oder geröstete Ware feilbietet. Heißer Mais am Spieß – ein Imbiss, der zeigt, wie sehr viele Chinesen – trotz Schweineschnauzen oder Reisschleimsuppe – kulinarisch auf gleicher Wellenlänge reiten wie wir Europäer oder Südamerikaner.

Herkunft: im 16. Jahrhundert aus Mexiko nach China importiert, nun landesweit

Sichuan-Pfeffer

花椒 *huājiāo*

Was wäre das chinesische Essen, vor allem die Sichuan-Küche, ohne natürliche Scharfmacher! Hinter *huājiāo* verbirgt sich Sichuan-Pfeffer (wörtlich: Blumenpfeffer), der vor allem auf die Zungenspitze eine leicht betäubende Wirkung ausübt. Dieses Taubheitsgefühl gehört zu jedem Feuertopf, was aber dem Redefluss der Bankett-Teilnehmer wahrlich keinen Abbruch tut. Wenn Sie in einem Sichuan-Restaurant Ihr Essen ohne *huājiāo* erhalten, sollten Sie das Lokal in Zukunft meiden. Der Koch hat keine Ahnung.

Herkunft: Sichuan

Reisschleim

粥 *zhōu*

Magenschmerzen, Appetitlosigkeit oder Durchfall – bei diesen Erkrankungen erfreut sich die Reisschleimsuppe Zhou ihres Rufs als geradezu magisches Gericht, das gut gegen alles ist. Ob geschmacksneutral oder salzig, mit süßen oder deftigen Bohnen, Datteln oder Würstchen – Zhou gehört zu den chinesischen Esskulturbesonderheiten, an denen sich die (westlichen) Geister scheiden. Erstaunlich, dass gerade die Engländer mit ihrer Porridge-Variante ein Gericht erfunden haben, dass an die kulinarische Hochkultur der Chinesen heranreicht.

Herkunft: Südchina

Tee-Ei

茶叶蛋 *cháyèdàn*

Kaum ein kulinarischer Straßenfund, der optisch so wenig einladend aussieht und geschmacklich so sehr gelingt wie ein traditionelles *cháyèdàn*. Man nehme einen alten Topf, eine Oma, die Zeit hat den Topf zu bewachen, und viele gute Zutaten: Hühner- oder Wachteleier, in Schwarztee mit Chili und Fünf-Düfte-Pulver eingelassen und jede Menge Zeit, das ganze den lieben Tag lang durchzuköcheln. Das Ergebnis: ein Ei, dem der Anis- und Zimtgeschmack buchstäblich unter die Haut geht, mit einer Prise Lorbeer und Sichuan-Pfeffer. Hoffentlich nehmen Sie sich auch die Zeit fürs liebevolle Schälen!

Herkunft: Bahnhöfe und Universitäten landesweit

Mund auf, aber richtig:

Kochrezepte

Mapo Dofu

麻婆豆腐 *mápó dòufu*

„Tofu der pockennarbigen Dame" ist ein landesweit beliebtes und angenehm scharfes Gericht der Sichuan-Küche. Wer sich hinter dem unvorteilhaften Spitznamen verbirgt, ist leider nicht bekannt.

100 g Hackfleisch (Rind/Schwein, gemischt)
3 EL helle Sojasauce
2 EL Reiswein (z. B. aus Shaoxing)
1 TL Sesamöl
1 Block mittelweicher Tofu, gewürfelt ($1-2\ cm^3$)
3 Frühlingszwiebeln, fein gehackt
2 Knoblauchzehen, in Scheiben
1 Stück Ingwer (Daumengröße), Scheiben
1–2 TL Sichuan-Pfeffer
1 EL Chili-Bohnenpaste (La Douban Jiang aus dem lokalen Asiashop)
1 TL Chilipulver (Chaotianjiao-Pulver aus dem lokalen Asiashop)
200 ml Brühe
2 TL Speisestärke
2 EL kaltes Wasser

Hackfleisch mit 1 EL Sojasauce, 1 EL Reiswein und Sesamöl vermischen und 10 Minuten marinieren. Den Pfeffer kurz in der Pfanne rösten, danach grob mörsern. Öl in der Pfanne stark erhitzen, Hackfleisch anbraten, bis es bröselig geworden ist, dann herausnehmen. Den Großteil der Frühlingszwiebeln, Knoblauch und Ingwer kurz in der Pfanne durchrühren. Die Bohnenpaste dazugeben und kurz durchrühren. Bei mittlerer Hitze 2 EL Sojasauce, 2 EL Reiswein und ¾ der Brühe hinzugeben. Tofuwürfel und Hackfleisch unterheben. Den Rest der Brühe hinzugeben, bis der Tofu beinahe bedeckt ist. Das Chilipulver dazugeben und köcheln lassen, bis die Flüssigkeit nahezu verdunstet ist. Speisestärke in kaltem Wasser anrühren, in die Pfanne geben und andicken lassen. Mit den restlichen Frühlingszwiebeln und Sichuan-Pfeffer bestreuen und servieren.

Suanni Huanggua

蒜泥黄瓜 *suànní huángguā*

„Knoblauchgurke" ist eine einfache, aber höchst erfrischende und gesunde Vorspeise, die das Warten auf die kulinarischen Köstlichkeiten im Restaurant hervorragend verkürzen kann.

1 Gurke
2 Knoblauchzehen
1–2 TL Sesamöl
1–2 TL Chili-Öl
1 TL helle Sojasauce
1 Prise Salz
½ TL Hühnerbrühe (Pulver)

Die Gurke waschen, Enden abschneiden und halbieren. Die Hälften erneut halbieren und die Samen entfernen. Die vier Teile in fingerdicke, 2–3 cm lange Stifte schneiden oder mit der Hand zerdrücken. In eine Schüssel geben, salzen, 10 Minuten ziehen lassen.

Für die Sauce den Knoblauch zerdrücken und mit Hühnerbrühe (Pulver) bestreuen. Salz, helle Sojasauce, Chili-Öl dazugeben, optional noch Sesamöl. Gut verrühren. Zum Schluss überschüssiges Wasser aus der Schüssel mit den Gurken entfernen. Sauce zu den Gurkenstückchen geben und ordentlich verrühren. Als Vorspeise servieren.

Mayi Shang Shu

蚂蚁上树 *máyí shàng shù*

„Ameisen krabbeln auf den Baum" – der sprechende Name dieses Gerichts deutet keine ungewöhnliche Verwendung kleiner Waldbewohner an, er verweist stattdessen auf das Hackfleisch, das sich mit den Glasnudeln zu dieser fantasieanregenden Kombination verbindet. Bitte beachten Sie, dass die Glasnudeln in heißes Wasser gelegt, nicht jedoch gekocht werden.

300 g Glasnudeln
300 g Hackfleisch (Schwein)
2 EL helle Sojasauce
2 EL Reiswein (z. B. aus Shaoxing)
2 TL Sesamöl (gutes chin. Sesamöl ist hellbraun, z. B. Lee Kum Kee)
1 Stück Ingwer (Daumengröße), gehackt
4 Knoblauchzehen, fein gehackt
250 ml klare Brühe
½ TL gemahlener Sichuan-Pfeffer
2 TL Salz
2 TL Zucker
4 Frühlingszwiebeln

Die Glasnudeln rund 10 Minuten in heißem Wasser einweichen, dann abgießen. Hackfleisch mit Sojasauce, Reiswein und Sesamöl vermischen und 10 Minuten marinieren.
Öl in der Pfanne stark erhitzen. Ingwer und Knoblauch darin anbraten, dann das Fleisch hineingeben und bei mittlerer Hitze einige Minuten dünsten. Die Brühe mit dem gemahlenen Sichuan-Pfeffer, dem Salz und dem Zucker verrühren und in die Pfanne geben.

Bei geringer Hitze alles leicht köcheln lassen, bis die Flüssigkeit beinahe verdunstet ist. Das Ganze in eine Schüssel mit den Nudeln geben, mit den grünen, fein gehackten Teilen der Frühlingszwiebeln bestreuen und servieren.

Anhang

Produktpackungen: Chinglish

Sie kaufen Pilze mit „natural breath" oder ein Schokoröllchen der Marke „Bimbo"? Vielleicht schlagen Sie auch zu, weil das Angebot „Traditional Foods Win Zen Present" zu verlockend ist? Oder doch eher wegen der „Choicely raw material", die sehr „taste-tempting" sind? Der Trend geht in China (noch) weg vom frischen Gemüse zur extra-verschweißten Dauerhaltbarkeitspackung. Garniert ist das Produkt mit allerschönstem Chinglish, einer Kombination aus englischem Wörterbuch und chinesischer Grammatik oder einfach schnellen Übersetzungen aus kostenlosen Online-Plattformen. Mehr Schätze dieser Art finden Sie übrigens unter *www.chinglish.de*.

TASTING SWEETLY SHARING HAPPILY
CHASWEET
千姿味™
DELICIOUS FOOD OF CHASWEET
五香葵花子
Tasting sweetly, sharing happily
Excellent roast, long aftertaste
TASTING SWEETLY SHARING HAPPILY
Chinese Traditional Food
ZIRANMEIWEI
natural breath
自然美味

Chinesische Vorstellung von westlichem Essen

Sie freuen sich wahnsinnig auf eine Tasse Cappuccino und bekommen den Kaffee wieder nur mit Sprühsahne und bunten Zuckerstreuseln obendrauf? Sie haben Lust auf ein gutes westliches Frühstück mit Rührei und Schinken? Wenn es ganz genauso wie daheim auszusehen hat, bleiben Sie am besten da, wo die Wahrscheinlichkeit am größten ist, dass es wie daheim aussieht: daheim eben. Frühstück und Kaffee gibt es in den Küstenstädten und im Hinterland schon längst. Nur eben nicht in der Maultaschen-Bude oder einem selbstbewusst betitelten „International Food Culture Centre", das sich dann doch nur als mobile Garküche mit bunten Saucen herausstellt. Da bestellen Sie dann besser chinesische Nudeln. Ich geh' ja für meinen „deutschen" Cappuccino auch nicht zum Dönerladen ...

Danksagung

HP, 没有你，就没有这本书。多谢你的激情，你的批评，你的耐心。下一本该写什么呢?
Ein herzliches Dankeschön an alle Restaurantbesitzer, Straßenköche, Kioskbetreiber, Supermarktverkäufer und Bauernfamilien Chinas, die dem manisch knipsenden Ausländer großzügig Einblicke in ihr Leben und in ihre Esskultur ermöglicht haben. Wie immer im Leben sind es die kleinen Dinge, die hängen bleiben.
Ein großes Dankeschön an Werner Radtke für den inhaltlich und gestalterisch stets unbezahlbaren Input.
Vielen Dank an Sandra Thoms und Gabriel Neumann für ein weiteres gemeinsames Abenteuer und für die gelungene Zusammenarbeit.
Und vielen Dank an Sie, verehrte Leserin/verehrter Leser, dass Sie sich ein wenig Zeit für eine neue kulinarische Welt nehmen wollen. Vielleicht werden Sie ja auch zu einem leidenschaftlichen Gourmet? So lässt sich das Schmuckelement jeder Seite – tāotiè 饕餮 – nämlich auch übersetzen.

Anregungen, Kritik, Kommentare?
Schreiben Sie mir unter *mundauf@olliradtke.de*.
In diesem Sinne: Please love your life.